Rosette Poletti

Caderno de exercícios para
saber desapegar-se

Ilustrações de Jean Augagneur

Tradução de Stephania Matousek

Petrópolis

© Éditions Jouvence, 2008
Chemin du Guillon 20
Case 184 CH-1233 — Bernex
http://www.editions-jouvence.com
info@editions-jouvence.com

Tradução do original em francês intitulado
Petit cahier d'exercices du lâcher-prise

Direitos de publicação em língua portuguesa —
Brasil: 2010, Editora Vozes Ltda. Rua Frei Luís,
100 25689-900 Petrópolis, RJ
www.vozes.com.br Brasil

Todos os direitos reservados. Nenhuma parte desta obra poderá ser reproduzida ou transmitida por qualquer forma e/ou quaisquer meios (eletrônico ou mecânico, incluindo fotocópia e gravação) ou arquivada em qualquer sistema ou banco de dados sem permissão escrita da editora.

CONSELHO EDITORIAL

Diretor
Volney J. Berkenbrock

Editores
Aline dos Santos Carneiro
Edrian Josué Pasini
Marilac Loraine Oleniki
Welder Lancieri Marchini

Conselheiros
Elói Dionísio Piva
Francisco Morás
Gilberto Gonçalves Garcia
Ludovico Garmus
Teobaldo Heidemann

Secretário executivo
Leonardo A.R.T. dos Santos

Editoração: Frei André Luiz da Rocha Henriques
Projeto gráfico: Éditions Jouvence
Arte-finalização: Lara Kuebler
Capa/ilustrações: Jean Augagneur
Arte-finalização: Bruno Margiotta

PRODUÇÃO EDITORIAL

Aline L.R. de Barros
Marcelo Telles
Mirela de Oliveira
Otaviano M. Cunha
Rafael de Oliveira
Samuel Rezende
Vanessa Luz
Verônica M. Guedes

Conselho de projetos editoriais
Isabelle Theodora Martins
Luísa Ramos M. Lorenzi
Natália França
Priscilla A.F. Alves

ISBN 978-85-326-4007-9 (Brasil)
ISBN 978-2-88353-712-5 (Suíça)

Este livro foi composto e impresso pela Editora Vozes Ltda.

Brasil Desenhos da capa e do miolo: Jean Augagneur; exceto a mandala (p. 33), os labirintos (p. 38 e 55) e a flor de lótus (p. 51), que foram retrabalhados ou realizados por Barbara Dobbs. As flores foram tiradas de Les harmonisants émotionnels do Dr Bach, de Barbara Dobbs (Romont: Recto-Verseau, 2006).

Dados Internacionais de Catalogação na Publicação (CIP)
(Câmara Brasileira do Livro, SP, Brasil)

Poletti, Rosette
    Caderno de exercícios para saber desapegar-se / Rosette Poletti, Barbara Dobbs ; ilustrações de Jean Augagneur ; tradução de Stephania Matousek. 3. ed. — Petrópolis, RJ : Vozes, 2013. — (Coleção Cadernos — Praticando o Bem-estar)

    Título original: Petit cahier d'exercices d'estime du lâcher-prise.
    Bibliografia.

    7ª reimpressão, 2024.

    ISBN 978-85-326-4007-9

    1. Autorrealização   I. Dobbs, Barbara.   II. Matousek, Stephania.   III. Título.   IV. Série.

10-02573   CDD-158.1

Índices para catálogo sistemático:
1. Autorrealização : Psicologia aplicada   158.1

Desapegar-se!
É fácil falar...
Mas como fazer?
O objetivo deste pequeno caderno
é dar dicas e sugerir exercícios práticos para evoluir no caminho
do desapego.

<u>Você sabe como eles capturam os macacos na Indonésia?</u>

Basta colocar uma laranja dentro de uma grande abóbora: o macaco vai enfiar a mão nela e pegar a fruta, mas depois não vai mais conseguir tirar a mão dali. Como não quer largar a laranja, ele fica preso à abóbora e é facilmente capturado.

<u>E na sua vida, qual é a sua laranja? O que você não consegue deixar pra lá?</u>

Talvez seja um ressentimento...
ou um remorso...
ou uma preocupação...
ou uma ferida do passado...
ou uma crença...
ou um sentimento de culpa...

De que você não consegue se desapegar?

Escreva aquilo que representa a sua « laranja ».

Quando você consegue se desapegar, as suas duas mãos ficam livres.

Você pode acolher o que vier!

Você pode viver aqui e agora.

5

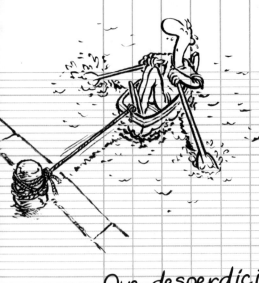

Mas, então, por que nós nos aferramos a uma coisa que nos impede de prosseguir? É como se estivéssemos remando para sair do porto sem termos desamarrado o barco antes...

Que desperdício de energia!

Vamos nos desapegar das crenças que nos mantêm prisioneiros!
Algumas crenças nossas constituem uma verdadeira prisão. Devemos eliminá-las, uma por uma, como se estivéssemos serrando as grades de uma cela.
De fato, o que nos impede de serrar estas grades, largar a laranja, desamarrar o barco? Está na nossa cabeça, nas nossas crenças, que nos foram transmitidas por nossos pais, pela nossa família, nossos professores, pelos religiosos com quem tivemos contato. Eles nos passaram mensagens nas quais acreditamos e as quais alimentamos dentro de nós até elas se tornarem **crenças limitadoras**.

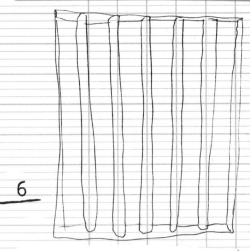

Recorte os espaços vazios entre as grades, olhe através delas e depois rasgue-as.

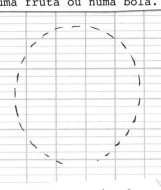

Escreva as suas pressões numa fruta ou numa bola.

Recorte o círculo e experimente: pense que você é um macaco. Largue a fruta. Sinta-se mais humano.

Assim como o macaco, que não percebe que existem outras laranjas e que ele pode subir livremente nas árvores para colhê-las, nós « aceitamos » crenças limitadoras:
- A vida é injusta!
- A felicidade não existe!
- A culpa é sua se os outros não estão felizes! Principalmente os seus pais, o seu marido (ou a sua esposa) e os seus filhos.
- Só havia uma resposta certa, e você não a encontrou!
- De qualquer forma, você nunca vai conseguir!

Quais são as mensagens que lhe foram transmitidas e que você transformou em crenças limitadoras? Escreva-as abaixo!

...

...

...

...

...

Agora, pegue um lápis vermelho e rabisque com força estas crenças! Depois, escreva bem grande nesta página com um lápis verde:

« É mentira, eu não acredito mais nisto! »

<u>Descubra um antídoto: o que é verdade para você agora?
Escreva uma frase positiva e útil para você! Como por
exemplo:</u>

- A vida é maravilhosa!
- Todo dia é um lindo dia para estar viv(d)a)!
- ...
- ...
- ...
- ...
- ...
- ...
- ...
- ...
- ...
- ...
- ...
- ...
- ...
- ...
- ...

Você às vezes se sente « entravad(a) », « estagnad(a) » por outras mensagens, mais simples e frequentemente mais sutis, que não somente lhe foram ditas, mas também demonstradas pelo comportamento das pessoas ao seu redor.

<u>Elas determinam o seu próprio comportamento, ocupam a sua mente, muitas vezes sem você se dar conta. Veja alguns exemplos:</u>

• Você está vivendo uma relação difícil, "pesada", da qual você não tira mais nenhum prazer. No entanto, você continua, tenta se convencer de que é um dever seu, de que é impossível mudar esta situação.

Você está carregando o outro nas suas costas!

Por quê?
Porque você foi persuadid(a) de que é preciso **ser forte**, que **se deve ajudar**, mas sem esperar ajuda em troca para você. Então você continua.

9

- Talvez você tenha visto um dos seus pais ou avós fazer o mesmo? Que fardo você viu a sua mãe ou o seu pai carregarem? Você consegue identificá-lo, verbalizá-lo?

- E na sua vida, que fardos ou que malas você carrega, embora não os queira mais? Verbalize-os!

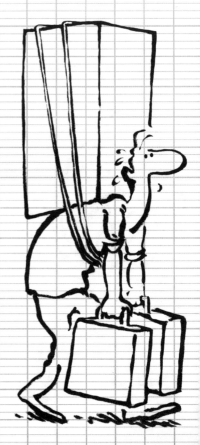

A questão é a seguinte: você quer mudar a situação? Se sim, veja duas maneiras de proceder:

- Arrume uma grande pedra. Com uma caneta indelével, escreva nela o nome do fardo que você não quer mais carregar. Depois, jogue-a num lago, num rio ou o mais longe possível.

Isto não significa, de forma alguma, que você está rejeitando a pessoa em questão (se o seu fardo for uma pessoa!) ou que você está cortando laços com ela, mas simplesmente que você vai passar a aceitar que ela viva a vida dela e que você tem o direito de viver a sua!

- Jacques Martel, em seu livro ATMA, le pouvoir de l'Amour – Comment retrouver le potentiel de vie en soi, propõe um outro método.

Você deve desenhar (na página seguinte) somente você e o outro, como no exemplo ao lado.

Depois, trace em torno de você e do outro um círculo para simbolizar uma bola de luz irradiante.

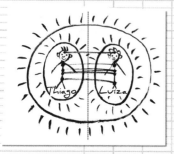

Em seguida, desenhe outro círculo de luz brilhante, mas desta vez em torno das duas pessoas juntas, bem como algumas linhas para ligar os seus centros de energia ou chacras.

Por fim, corte o desenho ao meio.

Você não vai se desligar da pessoa, mas sim dos laços de apego nocivos, da prisão interior que tinha sido construída. Esta técnica é muito poderosa, pois ela atinge o inconsciente.

Eu   O outro

Talvez você seja uma daquelas pessoas que nunca ficam satisfeitas com o que tenham realizado, criado ou produzido! Uma « bruxa malvada » jogou um feitiço em cima de você:

« Seja perfeito! »

Daquele dia em diante, você nunca mais ficou contente consigo mesma(o), nunca mais ficou satisfeit(da) com o que você tenha criado, ou pior: nunca mais ousou criar coisa alguma. Você guardou os pincéis, vendeu o violão e deixou as tintas secarem. Já que você nunca seria um Van Gogh, nem valia a pena tentar!

A fada boazinha vai lhe dizer agora:

« Você pode ser você mesmo(a) e fazer o que sabe fazer. Expresse-se! Ouse! Desapegue-se das velhas mensagens! »

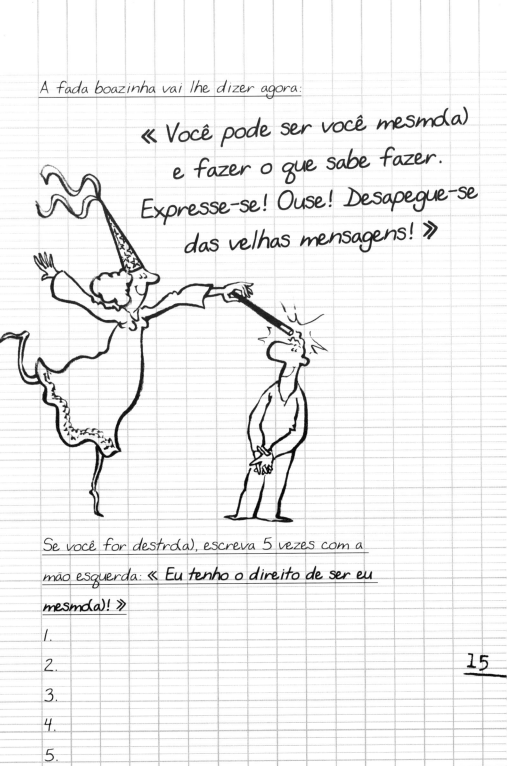

Se você for destro(a), escreva 5 vezes com a mão esquerda: « Eu tenho o direito de ser eu mesmo(a)! »

1.
2.
3.
4.
5.

15

E, novamente, se você for destro(a), escreva 5 vezes com a mão direita: « Eu vou me desapegar das expectativas dos outros com relação a mim ».

1.
2.
3.
4.
5.

Pois somente você pode determinar a qualidade da sua vida. Nem sempre você pode controlar os acontecimentos que surgem em sua existência, mas cabe a você decidir que atitude deve tomar para encará-los.

Pode ser também que você muitas vezes se sinta culpado(a) por não conseguir « agradar » as pessoas ao seu redor, satisfazer as exigências do seu chefe e dos seus colegas...

Se você segue uma religião, deve ter aquela desagradável impressão de não ser tudo o que você deveria ser, de não conseguir contentar gregos e troianos, de não ser « pau para toda obra »!

Você sabe muito bem que se impôs uma tarefa impossível e, no entanto, você se obstina a cumpri-la. Abraham Lincoln já dizia: « Você pode agradar algumas pessoas o tempo todo ou agradar todo o mundo algumas vezes, mas nunca conseguirá agradar todo o mundo o tempo todo ».

Tudo bem, é agradável agradar os outros, mas não em detrimento do respeito que você deve a si mesm(a)! Quando se pode agradar os outros e ao mesmo tempo levar em consideração a sua própria pessoa, é como se você pudesse voar novamente!

Uma das formas de se desapegar do seu sentimento de culpa consiste em aceitar a liberdade do outro.

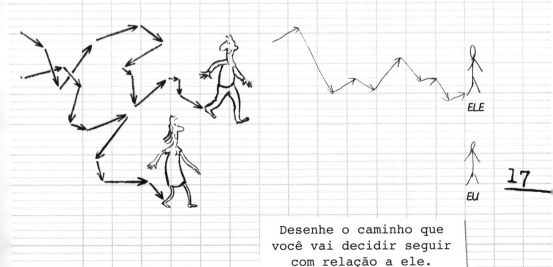

Desenhe o caminho que você vai decidir seguir com relação a ele.

Eu não tenho de viver a vida dele!

Território meu   Território dele

Posso construir pontes, contanto que elas sejam levadiças, para garantir a liberdade de cada um.

« Você concorda que eu desça a ponte levadiça?

– Não, por enquanto não! »

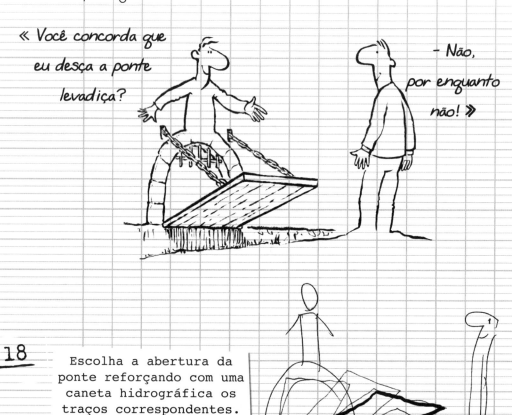

Escolha a abertura da ponte reforçando com uma caneta hidrográfica os traços correspondentes.

Vamos nos desapegar das feridas que recebemos!

Existem várias maneiras de chegar lá:

- **Reconsidere a ferida fazendo-se duas perguntas:**
  1) « A outra pessoa queria realmente me magoar? » Pode ser que ela tenha dito aquelas palavras antes de pensar, que ela me tenha escolhido como alvo, mas que na verdade tenha sido o seu mal-estar interior a causa dos seus atos, que foram percebidos por mim como ataques, traições, maldades.
  2) O que realmente sabemos sobre os motivos profundos das pessoas?

Quer a outra pessoa tenha ou não querido me magoar, posso me desapegar da minha ferida através do seguinte exercício:

Num lugar calmo onde eu possa ficar sozinho(a), em pé e em equilíbrio, vou decidir « esvaziar » o meu coração de todas as minhas feridas.

Com a mão direita no coração, devo inspirar profundamente e expirar emitindo o som « Ahhh! » com todas as minhas forças, de 10 a 12 vezes seguidas.

A cada expiração, enquanto estiver emitindo este som, devo me imaginar liberando-me de todas as minhas feridas, que devem ser eliminadas.

Em seguida, devo me conceder um instante de calma sentando-me confortavelmente ou deitando-me durante alguns minutos...

- **Recorra à visualização**

    Também existe uma outra forma de se desapegar: é o que chamamos de visualização. Veja a seguir um exemplo que pode se mostrar bastante útil **para se liberar de lembranças negativas:**
    Sente-se numa posição confortável e com as costas retas. Deixe os seus olhos se fecharem. Concentre-se na sua respiração. Basta tomar consciência dela.
    Durante a inspiração, você pode se dizer: « *Inspiro, sinto a calma...* » e na expiração: « *Expiro, estou bem!* » Estas frases devem ser repetidas uma dezena de vezes.

Pense numa situação, pessoa, sentimento ou lembrança que é um estorvo na sua vida, do qual você não consegue se desapegar. Imagine com precisão aquilo que o(a) incomoda: o cachorro do vizinho que late no meio da noite, aquele colega de trabalho que traiu a sua confiança, o seu filho que abandonou os estudos, as dificuldades de relacionamento com a sua sogra... Considere o aspecto que mais o(a) aborrece neste tipo de situação.

Em seguida, após ter determinado tudo isto, deixe os seus olhos se abrirem, pegue uma folha de papel e desenhe a situação de forma « beeeeem » simples. Anote embaixo do desenho: « **Eu me recuso a continuar alimentando os medos e sentimentos de raiva e tristeza originados por esta situação** ».
Depois, com uma caneta hidrográfica preta, circule com capricho a situação. Observe-a durante alguns instantes e pela última vez. Amasse o papel e jogue-o bem longe ou queime-o. Esta é uma maneira de « cortar » um laço nocivo com relação a uma pessoa implicada no caso. A mente forma a partir daí uma imagem e uma ação da qual poderá se lembrar mais tarde, e o desapego é então facilitado!

- **Restabeleça a calma interior**

Também pode acontecer de nos sentirmos magoados pela indiferença, rejeição ou ingratidão demonstrada por pessoas que já ajudamos, às quais nos dedicamos ou nos « sacrificamos ». É importante lembrar que a verdadeira doação não espera nada em troca, que é melhor não dar nada do que fazê-lo na expectativa de obter qualquer reconhecimento.

Se este tipo de ferida lhe é familiar, você pode se desapegar através do seguinte **exercício:**

Sente-se confortavelmente num lugar calmo, inspire e expire normalmente 5 ou 6 vezes. Em seguida, diga durante a inspiração: « Inspiro, sinto a calma... » e na expiração: « *Expiro, estou bem!*" Por fim, abra as mãos, com as palmas viradas para cima, e repita 5 vezes: « *Vou doar e não espero nada em troca* ».

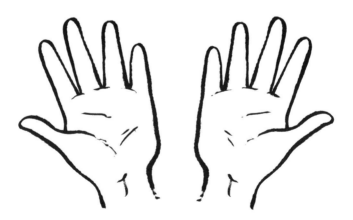

Você vai sentir imediatamente uma grande paz se instaurar dentro de si e, a partir de agora, toda vez que der algo a alguém, pode repetir para si mesmo: « *Vou doar e não espero nada em troca* ». Você vai ver rapidamente o resultado disto pela calma que vai enriquecer a sua vida!

- **Desenhe as suas feridas**

  Você também pode se desapegar de uma ferida através do seguinte exercício:

  Desenhe a sua ferida. Que forma ela apresenta? De que cor ela é? Quais são as suas dimensões?

  Deixe as respostas aflorarem. Leve o tempo que for necessário...

  Depois, arranque a página e, de acordo com as circunstâncias, rasgue-a em mil pedaços. Em seguida, jogue-os fora ou queime a página imaginando que o seu ressentimento e a sua ferida estão se consumindo ao mesmo tempo.

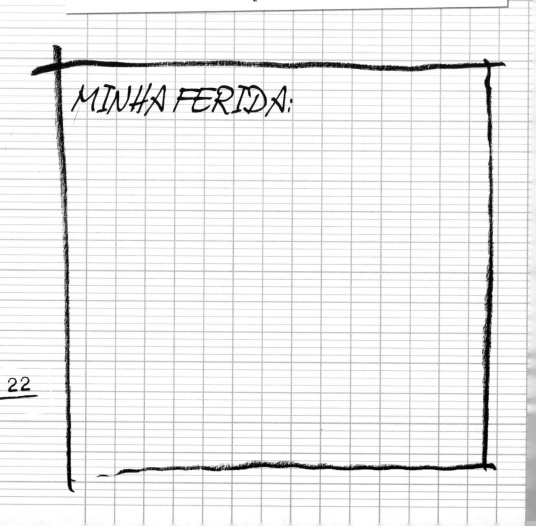

MINHA FERIDA:

O presente

Imagine agora que você tenha ganhado uma caixa caprichosamente embrulhada e com o seu nome e endereço escritos. Você a abriu e encontrou uma carta redigida num pergaminho, onde se podia ler:

Car(a) amig(a),

Parabéns pelo que você fez. Você teve a coragem de ter destruído aquela lembrança dolorosa ou pelo menos de ter começado a fazê-lo. Tenho uma boa notícia para lhe contar. Por trás do problema, por trás da ferida, havia um presente para você: por causa do que aconteceu, você aprendeu algo, tornou-se mais aberto(a) a si mesmo(a) e aos outros. Somente você sabe em que consiste este presente. Observe-o bem e aceite-o. Depois, indique abaixo:

O que eu descobri através desta ferida, deste problema foi que:

...
...
...
...

Assim, sei que posso dizer toda manhã: « Eu vou me desapegar e ter confiança ».

23

- **Restabeleça a serenidade interior**
Depois, talvez lá no fundo de si mesmo(a), você vai descobrir o desejo de ir ainda mais longe do que o desapego. Você poderá alcançar o... (busque a palavra na vertical).

      a m p a r o
  c o r n e t o
    m a d r i n h a
    b a n d e i r o l a
  t e n d ã o
o b j e t o

Isto mesmo, além do desapego, tem o **perdão**.

Perdoar não constitui um ato voluntário, trata-se de um caminho que se constrói dentro de si, um caminho de liberação. É uma possibilidade, uma maneira de restabelecer a serenidade no fundo de si.

Perdoar é percorrer pacientemente um caminho pedregoso e dividido em etapas, tais como:
1) Optar por não se vingar e acabar com os gestos insultantes.
2) Aceitar o fato de que você foi magoado.
3) Tomar consciência daquilo que foi perdido (confiança em si mesmo ou no outro, por exemplo) para fazer o luto.
4) Aceitar as suas emoções (raiva, tristeza, medo).
5) Começar perdoando-se a si mesmo.
6) Começar a compreender o seu agressor.
7) Dar um sentido ao que aconteceu.
8) Virar a página.

Desapegue-se do desejo de exercer controle sobre os outros e o ambiente!

Todos nós gostamos de controlar. É o nosso jeito de ficarmos tranquilos, de diminuir a nossa ansiedade. Controlar os outros é dizer-lhes:

- « Você deveria... »
- « Quero que você... »
- « Você tem de... »
- « Não é assim que se faz... »

Queremos controlar os outros, mas não queremos que ninguém nos controle.

Primeira etapa:

Quem tentou controlar você na sua vida?

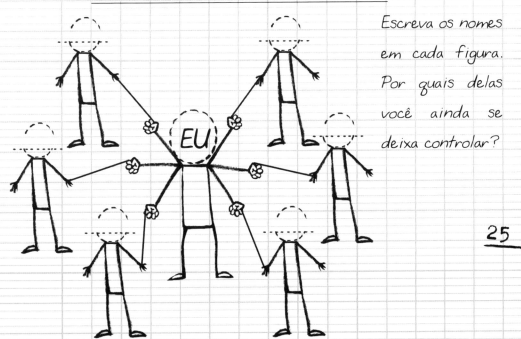

Escreva os nomes em cada figura. Por quais delas você ainda se deixa controlar?

25

Pegue uma caneta hidrográfica vermelha e risque as cordas que ligam você às pessoas que tentam controlá-l(d)a).

« Ufa! Que delícia ficar livre! »

Escolha um CD do qual você gosta e dê a si mesm(o)(a) a permissão de dançar!

26

Segunda etapa:

Quem são as pessoas que eu mesmo(a) tento controlar?

• na minha família:

...

...

...

• no trabalho:

...

...

...

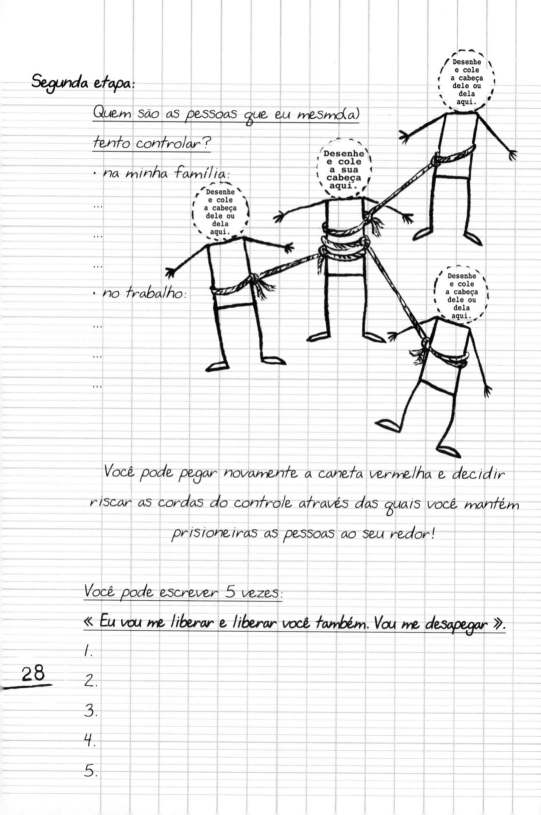

Você pode pegar novamente a caneta vermelha e decidir riscar as cordas do controle através das quais você mantém prisioneiras as pessoas ao seu redor!

Você pode escrever 5 vezes:

« Eu vou me liberar e liberar você também. Vou me desapegar ».

1.

2.

3.

4.

5.

Desapegue-se do desejo de ter razão!

« Estou com razão! »

Quantas vezes por dia você repete estas palavras?
Ou uma das alternativas:
- « Viu? Eu estava certo(a)! »
- « É você que está errado! »

Se você quer ser feliz, não se preocupe em ter razão! Viva a sua vida e deixe os outros viverem a deles! Se você os ama, deve lhes dar liberdade! Então, desapegue-se do desejo de ter razão!

○ Estar com razão.

○ Estar errado.

○ Estou com razão.

○ Eu estava certo(a).

○ Você vai ver que eu tenho razão.

Pegue uma caneta hidrográfica preta e rabisque estas palavras!

<u>Escolha uma frase para dizer em vez de ficar falando de razão e de engano e teste-a!</u>

Obrigad(a) por me dizer como você enxerga a situação.

Interessante!

Eu vejo as coisas de outra forma, mas obrigad(a) por me dizer o que você acha..

Obrigad(a) por abrir os meus horizontes.

....
....

Obrigad(a) por compartilhar comigo a sua opinião.

30

Com uma caneta hidrográfica verde ou rosa, envolva com florezinhas a frase que preferir.

Desapegue-se no cotidiano!

Às vezes, é no cotidiano, é nas pequenas contrariedades da vida que o desapego pode ser mais difícil de realizar:
- uma pessoa fura a fila na sua frente;
- a vendedora d(a) trata como se você fosse um(a) intruso(a), e não um(a) cliente;
- um motorista atordoado lhe dá uma fechada;
- você perde o seu ônibus;
- o seu amigo chega atrasado;
- um bebezinho chora durante todo o trajeto de um voo de três horas;
- o garçom não entende direito o seu pedido e traz um prato diferente daquele que você queria;
- você gostaria de sair para passear, mas está chovendo!

O que você faz?

...

...

...

O que você diz?

...

...

...

> Ah, mas é claro que você pode expressar o seu desagrado, deixar os outros verem o que você está sentindo, colocar uma pessoa no seu devido lugar, reivindicar os seus direitos... e ao mesmo tempo se desapegar, ou seja, decidir que a paz é mais importante do que o conflito, que o essencial da vida não reside nestes detalhes e que: *"Hoje é um belo dia para estar vivo(a)!"*
> Desapegar-se significa deixar estar, concentrar-se no que há de positivo, belo e bom.

Se você estiver sentindo dificuldades em restabelecer a sua paz interior, pinte a mandala da página seguinte: é um meio infalível de reconquistar a calma dentro de si.

33

Desapegar-se durante as grandes provações da vida: doenças, separações, lutos...

Como se pode pensar em desapego em situações tão dolorosas? À primeira vista, parece impossível! No entanto, todos os seres humanos buscam uma boa qualidade de vida e a possibilidade de viver sem sofrer.

Desde os tempos mais remotos e de acordo com todas as sabedorias do mundo, foi provado que o que causa o sofrimento do homem é a sua resistência à realidade!

Reserve um instante para colorir este texto:

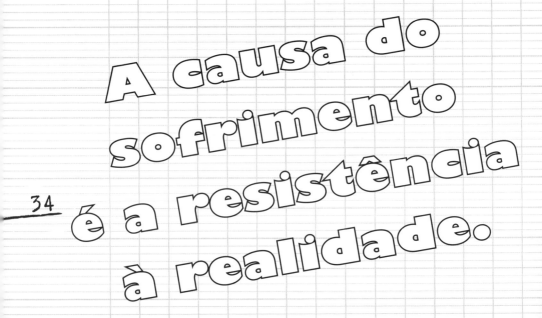

A causa do sofrimento é a resistência à realidade.

Em seguida, escreva ou desenhe no espaço abaixo as suas reações diante desta frase:

Depois, identifique o que faz você sofrer neste momento...

O que me faz sofrer neste momento é:

Você enxerga resistências suas nas situações descritas? Por exemplo: « Eu sofro porque não pude ter filhos, acho isto injusto! Eu seria uma boa mãe, e há crianças que nascem sem que os pais as tenham realmente desejado! »

A resistência consiste aqui na não aceitação da realidade.
É claro que é uma enorme frustração! É claro que é uma dor que se deve aguentar, **mas** é a realidade!
Para adquirir a plenitude interior, você deve pouco a pouco admitir o que aconteceu!
É um caminho (às vezes longo ou doloroso) que apresenta becos sem saída. É preciso então paciência para voltar atrás e buscar a saída.
Você pode encontrá-la: ela se chama *consentimento com relação ao ocorrido, desapego, serenidade restabelecida*.
Você retomará assim o movimento que o(a) levará de volta à vida!

Com um lápis verde, entre no labirinto e procure a saída!

Aceitação da realidade, desapego, serenidade restabelecida

38 Doença, perda, luto

Os lutos difíceis (mortes súbitas: suicídio, por exemplo)

Aqui também há um caminho a percorrer, um caminho de revolta, tristeza, dúvidas. Depois, chega a hora de virar a página, guardar lembranças, sem sofrimento, conservar na memória tudo o que era bom e belo, agradecer por tudo o que recebemos da pessoa que nos deixou.

Trata-se de tirar a « capa do luto » que nos mantinha longe das delícias da vida.

Está na hora do desapego.

Estou coberto(a) pela capa do luto.

Vou redescobrir as delícias da vida!

Aquele ou aquela que amávamos ainda está aí, bem viv(d)a) no nosso coração. Para nós, chegou a hora de viver, de aproveitar novamente as delícias da vida, do tempo de vida com o qual fomos presenteados.

Faça uma lista das 8 delícias da vida que você prefere.

1.   5.
2.   6.
3.   7.
4.   8.

Vou decidir ver o copo metade cheio!

Em vez de vê-lo metade vazio!

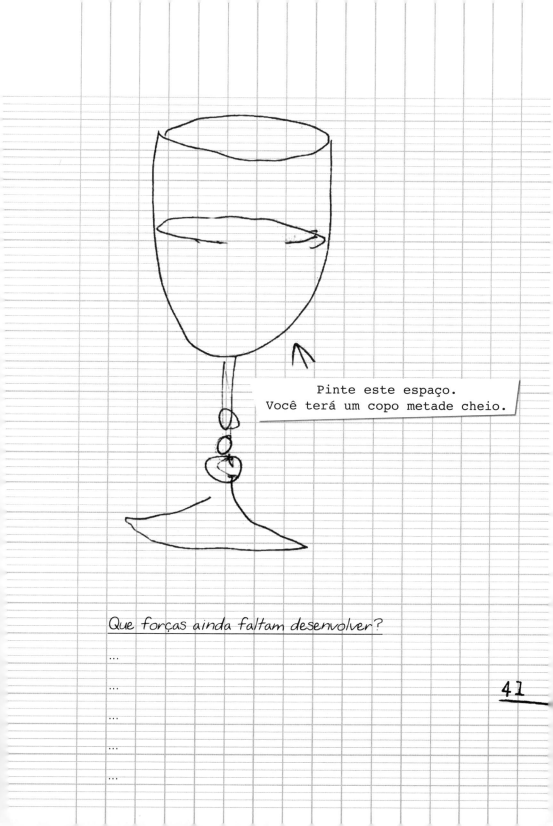

Pinte este espaço.
Você terá um copo metade cheio.

Que forças ainda faltam desenvolver?
...
...
...
...
...

41

Encontre os 7 erros:

« Eu vou me desapegar! »

Soluções do jogo dos 7 erros:
1) Falta uma gaveta.
2) Falta um sapato.
3) Está escrito "muito urgente" em vez de "urgente".
4) Falta uma caneta.
5) Tem uma pasta diferente na pilha da esquerda.
6) Falta uma flor no vestido.
7) Faltam as sobrancelhas.

Desapegar-se, desapegar-se...?

Às vezes acontece de nós não enxergarmos direito do que precisamos nos desapegar. Simplesmente nos sentimos mal, desanimados ou tristes. A vida não tem mais o mesmo sabor que ela tinha antigamente, mas não sabemos bem por quê. Existe uma pequena sigla, bastante útil, que nos foi ensinada num curso que fizemos nos Estados Unidos: **FOG**. « Fog » significa « neblina », em inglês. Nas estradas americanas às vezes cruzamos com placas do tipo: « Caution: fog » - « Cuidado: neblina ».

> O **F** de FOG se refere a « fear »,
> que quer dizer « medo ».

Quais são os medos reais ou imaginários que impedem você de se desapegar?

...

...

...

...

...

De que lhe servem estes medos? Já que você os alimenta, deve ser porque eles lhe são úteis. Ou será que eles impedem você de seguir em frente, assumir riscos ou entrar em conflito com as pessoas ao seu redor? Somente você sabe que papéis eles desempenham!

Meu medo de...

é útil porque ele me protege de...

Meu medo de...

é útil porque ele me protege de...

Você quer continuar alimentando-os?
○ Sim   ○ Não

Se sim, por quanto tempo?
...

Se não, como você vai se proteger sem eles?
...
...
...
...

Vamos voltar às nossas três letras: **FOG**.

> o **O** é a primeira letra da palavra *obrigações*.

Você tem obrigações e não pode se desapegar delas!

Quem lhe impôs estas obrigações?

...

...

...

Você costuma dizer a si mesmo(a): « Eu sou obrigado(a) a... »?

◯ Sim   ◯ Não

Quais são as suas « verdadeiras obrigações »?

Verdadeiras obrigações:

Anote-as aqui:

45

<u>Que "obrigações" oprimem você? De quais delas você poderia se desapegar?</u>
- Na vida familiar?

> *Vida familiar:*

- Na área profissional ou associativa?

> *Área profissional ou associativa:*

- No âmbito pessoal?

> Âmbito pessoal:

- No campo das amizades?

> Campo das amizades:

· No plano religioso?

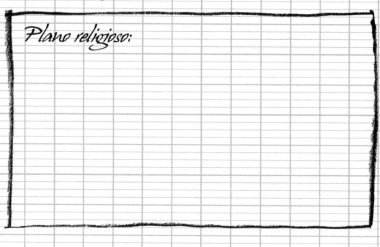

O que você diz para aceitar todas estas obrigações?
...

...

...

Agora você pode optar por refletir sobre todas estas obrigações e conservar somente aquelas que lhe sejam indispensáveis e/ou coerentes com « quem você realmente é ». Pegue um lápis vermelho e risque todas as obrigações que puder eliminar. É difícil? Há algo que o(a) impede?

Vejamos a última letra da palavra **FOG**.

> o **G** de "guilt",
> que significa « culpa ».

Por que você vive com aqueles medos e aceita obrigações inúteis? Porque, se você se desapegar de tudo isto, vai se sentir culpado(a).

- Culpado(a) por não estar sempre à disposição de todos.
- Culpado(a) por não escolher algo diferente daquilo que os seus pais tinham sonhado para você.
- Culpado(a) por desagradar alguém.

A culpa é a inimiga nº 1 do desapego!

O desapego dos seus medos e obrigações pode ser visto como inconveniente por certas pessoas ao seu redor!

Se você se desapegasse das obrigações que riscou de vermelho na outra página, quem tentaria culpabilizá-lo(a)?

...

...

...

...

Por quê? Que razões estas pessoas alegariam?

...

...

...

...

São motivos suficientes para manter você no desconforto dos medos, obrigações e culpa?

Não responda de imediato. Coloque uma música suave e da qual você goste para tocar, sente-se num lugar confortável com uma caixa de lápis de cor ou aquarela e reserve um momento para meditar ativa e silenciosamente colorindo para si mesmo(a) esta flor de lótus. Enquanto isto, deixe a questão amadurecer dentro de você!

Desenho tirado do *Arbeitsbuch zur Mandalatherapie*, de Ruediger Dahlke (Munique: Hugendubel, 1999).

51

Agora, você provavelmente já encontrou a resposta.

- Se você tiver respondido: « **Sim**, vou conservar as minhas obrigações, pois não quero sentir culpa », é porque ainda não chegou a hora de você seguir em direção ao desapego.
- Se você tiver respondido: « **Não**, o sentimento de culpa não vai me impedir de seguir em frente, de me desapegar das obrigações e medos inúteis que poluem a minha vida », então está na hora de decidir o que você vai dizer para cada um.

É possível dizer não e liberar-se das obrigações opressoras com bondade e firmeza, seja oralmente ou por escrito, dependendo das circunstâncias. Por exemplo:

« Após dez anos de trabalho voluntário na creche, decidi parar esta atividade para me dedicar a outras prioridades na minha vida ».

Quando queremos nos desfazer de certas obrigações, o essencial é ter "decidido". Depois, basta se expressar de maneira firme e sem dar desculpas. Todo ser humano tem o direito de tomar decisões com base em suas preferências.

Desapegar-se de obrigações opressoras proporciona um maravilhoso sentimento de liberdade. No entanto, nem sempre é fácil (sobretudo no início), pois as pessoas que eram beneficiadas pelo nosso envolvimento podem demorar a aceitar a perda da nossa ajuda. É aí que se torna necessário compreender bem que tudo o que os outros argumentam só diz respeito a eles. Você não deve "incorporar" o que é dito. Por exemplo:

« *Fiquei muito espantado(a) que uma pessoa como você, que tem tempo e é habilidosa, recuse-se a prestar serviço à creche, que precisa tanto de voluntários. Pense nas mães sobrecarregadas que necessitam nos trazer os seus filhos!* »

Que resposta você vai dar?
...
...
...
...

Compreender e não incorporar pode se traduzir assim:

« Eu entendo o seu espanto. Eu de fato decidi dedicar o meu tempo e as minhas forças a outras prioridades! »

Filtro que me permite compreender os outros sem me sentir emocionalmente envolvido(a) de forma negativa.

Desapegar-se para reencontrar o essencial!

Desapegar-se dos medos, das obrigações inúteis e da culpa traz um imenso benefício: a possibilidade de alcançar uma paz interior e uma serenidade maiores e também de diminuir o estresse, a ansiedade e o desânimo.

O desapego permite se livrar do que é inútil, renovar os laços consigo mesmo e reencontrar o essencial.

Reencontrar o essencial: os seres humanos sempre buscaram este ideal. Um dos mais belos símbolos desta busca é o labirinto da Catedral de Nossa Senhora de Chartres, na França, construída no século XIII.

Sugerimos que você o percorra com um lápis de cor, meditando ao mesmo tempo sobre o sentido do "essencial" para você.

A felicidade é a liberdade interior!

É a capacidade de se desapegar.
No final deste percurso, propomos a você o seguinte exercício de autoavaliação:

1) Quando escuto o termo "desapego", penso em:
...
...
...

2) Para mim, o desapego essencial é:
...
...
...

3) Sei que posso alcançá-lo fazendo o seguinte:
...
...
...

4) As dificuldades que posso encontrar no caminho do desapego são:

...

...

...

5) As minhas forças essenciais para alcançar a liberdade interior são:

...

...

...

6) O que eu vou ganhar ao me desapegar dos problemas que identifiquei consiste em:

...

...

...

7) Hoje mesmo vou começar a:

...

...

...

<u>Recorte as afirmações abaixo e escolha uma todo dia.</u>

Hoje, eu vou aceitar a realidade.	Hoje, eu vou perdoar.	Hoje, eu vou me desapegar das minhas resistências.
Hoje, eu vou ter confiança.	Hoje, eu vou agradecer alguém.	Hoje, eu vou me desapegar da dúvida.
Hoje, eu vou confiar em mim mesmo(a).	Hoje, eu vou ficar aberto(a) ao que está por vir.	Hoje, eu vou dizer sim.
Hoje, eu não vou culpar ninguém.	Hoje, eu vou me livrar de tudo o que é inútil.	Hoje, eu vou me conceder uma nova liberdade.
Hoje, eu vou me desapegar de uma regra inútil.	Hoje, eu vou aceitar ser imperfeito(a).	Hoje, eu vou dar sem esperar nada em troca.
Hoje, eu vou me concentrar no amor.	**Hoje é um belo dia para estar vivo(a)!**	Hoje é o único dia que conta!

Eu consegui me desapegar dos seguintes elementos (escreva-os nos sacos abandonados):

Estou livre! Vou dizer SIM à VIDA!

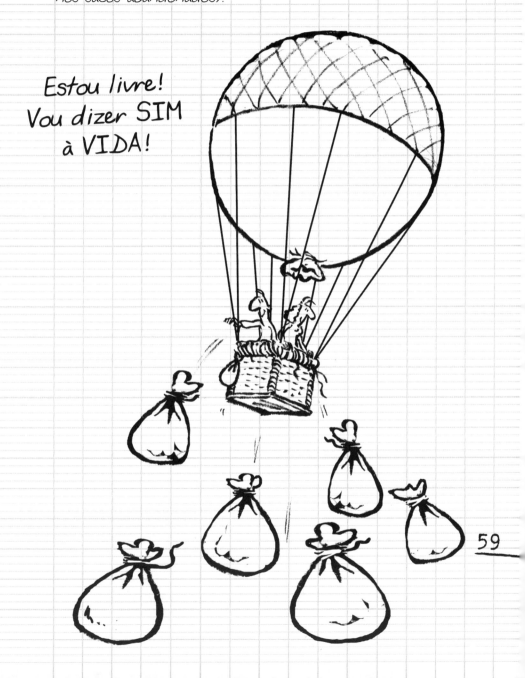

Desapegar-se

Desapegar-se não é parar de se preocupar com os outros, mas simplesmente ter em mente que o outro é o outro e que a vida dele pertence a ele.

Desapegar-se não é cortar laços com os outros, mas simplesmente se recusar a tentar controlá-los.

Desapegar-se não é ter tendência a ser indiferente ou egoísta, mas sim aceitar cuidar da minha própria vida.

Desapegar-se é admitir que eu não sou onipotente e que o resultado das minhas ações não está nas minhas mãos.

Desapegar-se é aceitar a realidade, mesmo quando ela não corresponde aos meus desejos.

Desapegar-se não é se lamentar sobre o passado e temer o futuro, mas sim viver plenamente o presente.

Desapegar-se é ter menos medo e mais amor.

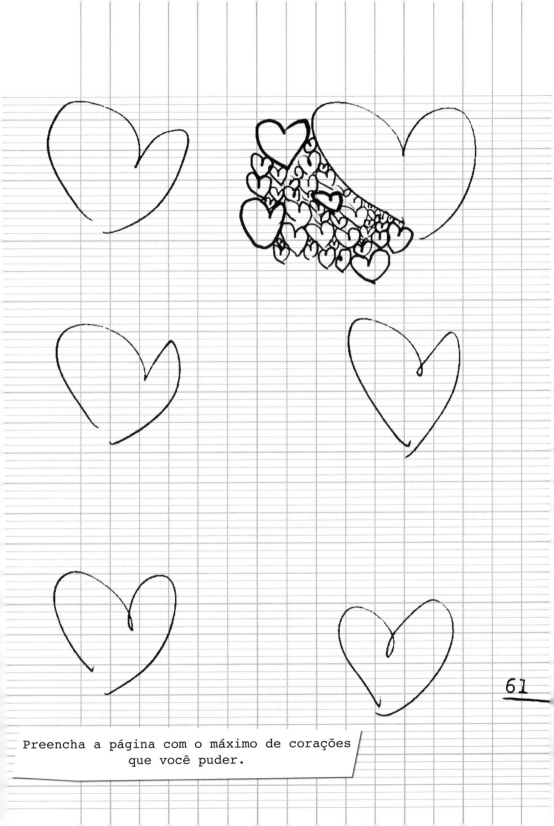

Preencha a página com o máximo de corações que você puder.

Conclusão

Esperamos que no final deste percurso interativo e lúdico, você tenha conseguido incorporar a noção de desapego. Para concluir apenas este pequeno caderno de exercícios, já que é impossível concluir o trabalho pessoal do desapego, gostaríamos de deixar uma mensagem para servir de lembrete nos próximos dias e meses:

« A capacidade de se desapegar, de ter confiança, de se adaptar positivamente para assumir a responsabilidade de dar sentido à sua vida, ao instante que passa é o mesmo que estar disposto a dizer SIM, a aceitar a vida e tudo o que ela traz consigo! »

Desejamos a cada um de vocês, leitores desconhecidos, serenidade e alegria de viver.

Rosette Poletti & Barbara Dobbs

Bibliografia

CALATAYUD, Chantal. *Apprendre à pardonner*. Genebra: Jouvence, 2003.

POLETTI, Rosette & DOBBS, Barbara. *Aceitar o que existe*. Petrópolis: Vozes, 2008.

_____. *Se désencombrer de l'inutile*. Genebra: Jouvence, 2008.

_____. *O desapego*. Petrópolis: Vozes, 2007.

_____. *Plénitudes*. Genebra: Jouvence, 2007.

_____. *La compassion pour seul bagage*. Genebra: Jouvence, 2004.

PRADERVAND, Pierre. *Administrar meu dinheiro com liberdade*. Petrópolis: Vozes, 2008.

Acesse a coleção completa em

livrariavozes.com.br/colecoes/caderno-de-exercicios

ou pelo Qr Code abaixo